QUELQUES OBSERVATIONS

SUR

LE PROJET DE LOI

SUR LA POLICE DE LA PRESSE.

QUELQUES OBSERVATIONS

SUR

LE PROJET DE LOI

RELATIF A LA. POLICE DE LA PRESSE,

EN CE QUI CONCERNE LE LIBRE USAGE DU DROIT DE PÉTITION
AUX DEUX CHAMBRES.

PAR M. AUGÉ DE FLEURY.

> « La politique sans doute . mais
> « avant tout et par dessus tout, la
> « vérité et nos libertés ...
> « Les libertés garanties par la res-
> « tauration....
> « Rien au-delà
> « Rien en deçà.
>
> (Page 24).

PARIS,

DE L'IMPRIMERIE DE FIRMIN DIDOT,

RUE JACOB, N.º 24.

FÉVRIER 1827.

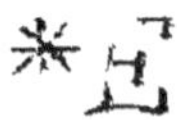

QUELQUES OBSERVATIONS

SUR

LE PROJET DE LOI

RELATIF A LA POLICE DE LA PRESSE.

SOMMAIRE.

D'après le Projet de Loi : nulle pétition aux Chambres ne pourrait être imprimée à moins de 1,000 fr. — Le dépôt préalable empêcherait le Pétitionnaire d'être entendu en temps opportun. — L'Imprimeur, responsable d'amendes ruineuses, refuserait d'imprimer. — Le droit de pétition est menacé d'être à peu près aboli, ainsi que les dispositions de la Charte qui en assuraient le libre exercice. — Les amendements de la Commission sont insuffisants pour remédier à ce grave dommage.

OBSERVATION PRÉLIMINAIRE.

On a déjà beaucoup écrit sur les conséquences générales qui résulteraient du projet de loi relatif à la police de la presse s'il était adopté.

Mais pour les faire bien sentir il convient d'entrer dans le détail de toutes les conséquences particulières : ce détail est immense, il y a mille fois plus de choses dans ce que le projet ne dit pas que dans ce qu'il énonce explicitement.

C'est cette partie cachée que l'on ne peut trop creuser et mettre au jour.

Un commentaire complet de la loi proposée, où aucun détail d'application ne serait omis, en offrirait la meilleure réfutation; les hommes les moins éclairés verraient jusqu'à quel point leurs droits, leurs intérêts sont compromis. Il en résulterait une force d'opinion qui soutiendrait en connaissance de cause les attaques de la tribune, et le succès n'en pourrait être douteux.

Je sens toute la difficulté d'un semblable travail; quelques esprits se sont d'abord enflammés, d'autres ont été rebutés dans cette fatigante investigation de petites ou grandes réticences; il faut pourtant en venir à un examen réfléchi, et pour cela il faut du calme et de la patience.

Les citoyens de toutes les opinions, de tous les partis, *hors un*, sont intéressés au maintien de la liberté de la presse dans de justes et loyales limites ; sans elle il n'y aurait point de gouvernement représentatif; il n'y aurait plus de Charte: cette liberté de moins, toutes les autres seraient compromises, et avec elles la tranquillité publique, premier besoin des honnêtes gens ; ils doivent donc autant qu'il est en eux apporter leur tribut dans le fastidieux travail dont j'ai parlé : ce sont des matériaux que de généreux orateurs sauront mettre en œuvre.

J'apporte le mien en traitant du droit de pétition, droit sacré s'il en fut jamais, puisqu'il appartient même aux hommes qui ne jouissent ni de la liberté civile, ni de la liberté politique ; droit cependant dont le libre exercice me paraît éminemment menacé par le projet de loi.

Il est plusieurs de mes observations que j'aurais pu étendre ; mais d'autres personnes s'en sont déja expliquées dans les journaux ou dans des brochures ; je me restreindrai donc autant qu'il me sera possible.

Analyse des articles 1er, 5, 7, 19 *et* 22 *du projet.*

D'après le nouveau projet de loi, tous les genres d'écrits que l'on voudrait faire imprimer seraient assujettis : 1° au dépôt préalable de cinq ou dix jours, suivant leur plus ou moins d'étendue, et pendant ce temps l'écrit ne pourrait être publié ou *distribué de quelque manière que ce soit* (art. 1er.); 2° au timbre de 1 fr. sur la première feuille et de 10 centimes sur les autres, s'il s'agit d'imprimés de cinq feuilles et au-dessous (art. 5.) (Ce timbre de 1 franc par exemplaire serait par conséquent applicable à un imprimé de la plus petite dimension, même à celui qui n'aurait qu'une seule page.)

Ces dispositions comprennent tous les procédés possibles d'impression, la lithographie, la gravure, etc. (art. 7.)

Ce n'est pas tout : le projet de loi (outre la prison et la confiscation des éditions) menace d'amendes très-considérables et qui peuvent s'élever jusqu'à 20,000 francs, l'auteur de tout écrit qui contiendrait « l'allégation ou l'imputation « d'un fait portant atteinte à l'honneur ou à la « considération soit de tout agent de l'autorité « publique pour des faits relatifs à ses fonctions, « soit d'un simple particulier. » (art. 19.) (1).

Ce n'est pas tout encore : « si l'écrit publié « est condamné, l'imprimeur sera, *dans tous les* « *cas*, responsable civilement *et de plein droit*,

-----

(1) Voir le chapitre 5 de la loi du 17 mai 1819. Les expressions citées sont prises du 1er paragraphe de l'art. 13 de cette loi; le dernier paragraphe de l'art. 19 du projet s'y réfère.

« des amendes, dommages-intérêts et frais portés
« par les jugements de condamnation. » (art. 22).
C'est dans cette disposition que se trouve es-
sentiellement l'esprit du projet de loi.

L'art. 2 apporte quelques exceptions à la condition du dépôt préalable; il en est une qui paraît s'appliquer à certaine nature de pétitions ;
elle dispense du dépôt « *les écrits sur les projets de loi présentés aux Chambres.* » Mais il
faut pour cela, ajoute le même article : « que
ces écrits soient publiés *pendant* que la discussion sera ouverte dans *chacune d'elles.* »

En appréciant cette exception à sa juste va-
leur, on verra qu'elle se réduit à bien peu de
chose pour les pétitions, car d'abord l'exception
ne peut s'appliquer aux pétitions qui n'auraient
pas pour objet un projet de loi *présenté aux
Chambres;* en second lieu, lors même que tel
serait son objet, l'exception ne peut profiter si
on veut distribuer la pétition, comme cela est
ordinairement nécessaire, *avant* l'ouverture de
la discussion : l'exception n'est admise que pendant la discussion.

Quant au timbre, quelques écrits en sont af-
franchis par l'art. 5, mais non les écrits sur les
projets de loi. L'art. 2 les exemptait du dépôt
sous certaines conditions, l'art. 5 ne les exempte
pas du timbre : cette disposition fiscale atteint à

plus forte raison les pétitions qui ne traiteraient que d'intérêts privés.

Enfin, le projet de loi ne contient aucune exception au principe de responsabilité *de plein
droit* prononcée contre les imprimeurs (art. 22),
si le pétitionnaire est condamné à la prison et à
l'amende de 20,000 fr. (art. 19.) L'imprimeur
pourra bien éviter l'emprisonnement, mais il
ne pourra échapper à sa ruine.

Telles sont les principales mesures préventives
de ce projet relativement aux pétitions impri-
mées; il est vrai que le mot pétition n'y est pas
cité, mais il y est évidemment sous-entendu.
Le projet se sert du terme général d'écrit, et
« toute pétition à l'une ou l'autre des Chambres
« ne peut être faite et présentée que *par écrit.*
« La loi interdit d'en apporter en personne à la
« barre. »(art. 53 de la Charte constitutionnelle.)

———

Ceci posé, je vais essayer de démontrer :

1° Que très-fréquemment il y a nécessité pour
le pétitionnaire de faire imprimer et distribuer
sa pétition;

2° Que le dépôt, le timbre et la responsabilité de l'imprimeur y mettront un véritable empêchement;

3° Que cet empêchement au libre exercice

du droit de pétition est une dérogation formelle à l'esprit et au texte de la Charte constitutionnelle.

PREMIÈRE PROPOSITION.

Pour pouvoir distribuer la pétition aux membres des deux chambres il faut nécessairement la faire imprimer : car il est facile de concevoir qu'il serait presque impossible de minuter soi-même huit cents exemplaires, et trop coûteux de les faire copier.

Mais, dira-t-on, quelle nécessité de faire cette distribution ?

Je réponds que cette utilité de la distribution pour les pétitions qui traitent de matières graves, urgentes ou compliquées, soit qu'il s'agisse d'intérêts privés ou d'intérêts publics, ne peut être contestée par ceux qui ont vu les choses de près, c'est-à-dire qui savent le sort réservé au plus grand nombre de pétitions.

En effet, si un seul exemplaire de la pétition est déposé à la chambre, il arrive assez souvent que le rapport n'en est pas fait à la tribune, soit parce que le temps limité de la session et le trop grand nombre des pétitions ne permettent pas de les examiner toutes, soit par d'autres causes faciles à deviner et dont j'ai personnellement une preuve (*voir note* 1re.); si une copie est remise à une Commission spéciale, autre que la Commission des pétitions, très-ordi-nairement elle s'abstient d'en parler dans son rapport public; si, prévoyant le silence des Chambres, on adresse en même temps des copies de la pétition aux ministres, très-souvent aussi le pétitionnaire n'obtient pas tout ce qu'il espérait du secours de la publicité et de l'opinion publique, moyens qui sont de l'essence du gouvernement représentatif, et dont par conséquent il est permis d'user; d'autres fois enfin, si le rapport a été fait à la tribune, l'analyse de la pétition n'aura pas toujours été complète ou suffisamment développée, ou le rapport n'aura été entendu que d'un petit nombre de membres présents; et ceux-ci, ainsi que les absents, n'ayant pas été mis en état d'examiner, dans le silence du cabinet, des matières souvent compliquées, la pétition ne sera pas défendue, et un ordre du jour peu réfléchi viendra la mettre au néant.

Si au contraire la pétition a été distribuée à l'avance aux membres des deux Chambres, les objets qu'elle traite sont examinés, mûris; les recherches qu'ils peuvent nécessiter sont faites; on se procure des renseignements, on prend des informations, on en parle, des entretiens partiliers préparent la discussion générale ; et si le rapport est fait à la tribune, une décision en connaissance de cause est rendue. Si le rapport ne peut être fait en temps utile, et qu'il s'agisse, par exemple, d'observations sur un projet de loi ou de toute autre demande ou réclamation importante et pressée, alors ceux des membres qui ont étudié la pétition et qui approuvent son contenu, sont en mesure de l'utiliser par la voie de l'amendement, ou celle d'une proposition faite dans les formes parlementaires (art. 19, 20, 21, 46 et 55 de la Charte), ou même en ajoutant à leurs propres lumières dans les discussions publiques ou secrètes des Chambres, les idées utiles que leur fournirait la pétition parvenue à leur connaissance.

Il est donc bien entendu que cette distribution à chacun des membres des deux Chambres, distribution dont l'usage est consacré depuis la restauration, est le seul mode à suivre pour faire connaître les réclamations ou les observations du pétitionnaire, lorsqu'il s'agit, comme je l'ai déja dit, de matières importantes ou compliquées, et qui précisément, à raison de cette importance ou de cette complication, ont d'autant plus besoin d'être connues, étudiées, accueillies et protégées.

En un mot, la distribution est souvent la

seule voie par où la vérité puisse se faire jour : empêcher la distribution, c'est porter un grave dommage à *la vérité* et à *la liberté*, bases fondamentales de toute bonne administration, et de tout gouvernement vraiment monarchique et constitutionnel.

DEUXIÈME PROPOSITION.

Nous le disons franchement, si le projet de loi est adopté, on ne pourra plus faire cette distribution, ou du moins elle ne sera praticable que très-rarement, très-difficilement et d'une manière tout-à-fait tardive, par suite des lenteurs du dépôt, de la charge onéreuse du timbre, et des dangers de la responsabilité de l'imprimeur.

C'est ce que nous allons prouver, en examinant chacune de ces conditions.

§ Ier. Le Dépôt.

Les écrits publiés depuis quelques semaines sur cette partie du projet de loi ont démontré jusqu'à l'évidence que le dépôt préalable pendant cinq ou dix jours, et les mesures qui s'y rattachent, ne sont autre chose qu'une censure déguisée, une véritable mesure préventive, et par conséquent une dérogation formelle à la

Charte, qui porte, art. 8 : « Les Français ont le « *droit* de publier et de faire *imprimer* leurs opi- « nions, en se conformant aux lois qui doivent « *réprimer* les abus de cette *liberté.* » Réprimer, n'est pas prévenir; on l'a dit mille fois depuis la restauration; la différence de ces deux mots est maintenant bien connue, elle a force de chose jugée. La législation actuelle de la presse reconnaît que les mesures préventives sont de pure exception, qu'elles ne doivent être imposées que momentanément et dans des circonstances où la sûreté de l'état serait compromise. Cette exception même ne s'applique qu'aux journaux; il n'était jusqu'à ce jour venu dans la pensée de personne qu'on pût l'étendre aux pétitions. S'il est au monde un écrit qui doive être affranchi d'une pareille servitude, c'est assurément la pétition; il suffit d'être homme pour le sentir et le comprendre; ce doit être une vérité élémentaire sous une monarchie tempérée, soumise aux formes du gouvernement représentatif; je ne m'y arrêterai donc pas davantage ; je dirai seulement que si le dépôt préalable est admis, il en résultera spécialement pour la publication des pétitions (1),

---

(1) Je ne m'occupe pas des autres genres d'écrits, leur cause a déjà été et sera défendue bien mieux que je ne saurais le faire.

des entraves sans nombre, qui se présenteront sous une infinité de faces diverses : le nom de l'imprimeur, le sujet de la pétition, le nom du pétitionnaire, les expressions dont il se sera servi, et bien d'autres circonstances, seront autant de causes de retards et de difficultés pour la délivrance des imprimés, et le pétitionnaire courra souvent risque de ne pas être entendu en temps utile.

§ II. Le timbre.

Mais le dépôt n'est qu'une des entraves que le malheureux pétitionnaire aura à surmonter; il lui en reste deux autres plus lourdes, plus embarrassantes encore : « Il y aura du malheur s'il en peut sortir,» se sera dit tout bas quelque malin partisan du silence!....

Voyons la seconde de ces entraves; c'est le timbre!...

J'ai établi, sous la première proposition, qu'il était souvent nécessaire de distribuer la pétition aux membres des deux Chambres; les frais de justice parlementaire deviendront très - chers alors. En effet, la Chambre des députés se compose de quatre cent trente membres, celle des pairs de plus de trois cents; le tirage de l'imprimé s'élève ordinairement à huit cents-exemplaires,

le droit de timbre sera donc de 800 fr., à raison
de 1 fr. par chaque exemplaire, n'eût-il qu'une
demi-page, à quoi peut-être on ajoutera cette
ancienne subvention de guerre du dixième, toujours perçue malgré la paix, ce qui portera le
droit à 880 fr. pour la plus brève pétition possible; jusqu'à présent, cette pétition de 8 à
900 fr. n'aurait occasionné que 30 à 40 fr. de
frais d'impression.

Il faut être riche, et fort riche, pour faire des
pétitions à ce prix!.... et cependant, si la masse
de la nation en fait la force et la richesse,
la fortune n'est pas son partage, et n'est dé-
partie qu'au petit nombre; serait-ce une raison
pour la déshériter du droit sacré de pétition?
le voudrait-on? le peut-on?.... Je n'ignore
pas qu'il est des circonstances, qu'il se présente
des questions où, pour faire convenablement
usage de ce droit, il faut des talents, des lumières, un vrai dévouement au pays et au trône,
et un respect sincère, et non hypocrite, pour la
religion et la morale; mais tout cela ne se ren-
contre-t-il qu'avec la fortune?... L'honneur, les
vertus, la capacité, ne peuvent-ils se trouver
aussi dans les autres classes de citoyens?... La
fortune a-t-elle seule le droit de se faire entendre, a-t-elle seule besoin de réclamer justice?...
Ne peut-il y avoir ailleurs des opprimés? Si j'in-

terrogeais l'aristocratie française, je serais sûr à l'avance de sa réponse : qui ne sait les garanties qu'elle a déja données au peuple du respect qu'elle porte à ses droits et à son indépendance? on peut compter qu'elle ne se démentira pas.

Je n'ignore pas non plus combien sont nombreux, surtout en France, je le dis à regret, les esprits indifférents, égoïstes, légers ou serviles pour tout ce qui touche aux intérêts publics; ceux-là souriront de mon langage, ils n'y verront peut-être qu'une déclamation sur des lieux communs. Cette manière d'écouter des observations graves n'est pas rare dans ce pays; il y a presque du courage à s'exposer ainsi vis-à-vis de tels adversaires; ils diront : voilà bien de l'emphase à propos d'un timbre! Ont-ils donc oublié qu'une question de timbre a été l'un des germes de notre révolution, et qu'un impôt sur le thé a fait prendre les armes à une partie de l'Amérique septentrionale? Ne savent-ils pas que ce sont précisément les choses les plus vraies, les plus utiles, qui sont le plus oubliées, et qui, par conséquent, ont le plus besoin d'être répétées?.... Que l'on ne croie pas que de pareils hommes se montreraient au jour du danger.

Je regrette de n'avoir pu contenir le sentiment dont je suis oppressé, et que je ne veux pas nommer; mais, en vérité, c'est se jouer avec trop de dédain ou trop de hauteur, comme l'a dit dernièrement un honorable député (1), des droits imprescriptibles de ceux pour qui Dieu a créé les gouvernements.

§ 3. Responsabilité pécuniaire des imprimeurs.
ART. 22 DU PROJET.

C'est ici, comme je l'ai déja dit, que se trouve tout l'esprit du projet de loi; si en cette matière, comme pour les journaux, il y avait des éditeurs responsables, cet article seul suffirait pour motiver un procès de tendance: il n'en va pas moins être débattu devant les Chambres dans des formes solennelles; et s'il ne trouve des juges sévères, il faut espérer au moins que les improbateurs ne lui manqueront pas.

La mesure proposée par cet article est bien autrement préventive que le dépôt préalable; elle présente un empêchement bien plus grand que l'onéreuse charge du timbre; à elle seule elle suffit pour anéantir le droit de pétition : c'est plus que la censure légale. Avec celle-ci, quelques idées peuvent encore être publiées;

----

(1) M. Royer-Collard, répondant à l'un des hauts fonctionnaires de l'administration actuelle, adversaire déclaré des pétitions et des pétitionnaires.

avec la mesure préventive de l'article 22, il n'est
pas une pensée permise qui ne soit susceptible
d'inquiéter l'imprimeur; il n'imprimera pas :
mieux vaut décider qu'il faut briser la presse ;
c'est un moyen plus franc de déclarer que ses
gémissements sont devenus insupportables, et
du même coup on rayera les mots *droit* et *liberté*
de l'article 8 de la Charte ; on verra alors ce que
penseront et la France, et le monde civilisé qui
la regarde.

Je conçois, et c'est de droit commun, qu'un
imprimeur est coupable lorsque sciemment il a
fourni le moyen de publier un écrit évidemment
contraire aux lois ; mais telle n'est pas la disposition de l'article dont il s'agit. Il veut que,
toutes les fois que l'écrit sera condamné, l'imprimeur le soit aussi; l'article porte : *De plein
droit*; c'est-à-dire sans qu'il puisse espérer que sa
défense sera écoutée, sans qu'il soit permis aux
juges de faire justice. L'article ajoute : *Dans tout
les cas ;* c'est-à-dire, quelque impossibilité où
l'imprimeur se soit trouvé d'apercevoir le motif
qui pourrait entraîner la condamnation de l'auteur, motif souvent si difficile à prévoir, à deviner; motif qui dépendra souvent de circonstances
publiques ou privées, ou personnelles à l'auteur,
et que l'imprimeur aura ignorées ou n'aura pas
comprises ; motif sur l'appréciation duquel il

peut y avoir dissidence parmi les hommes les plus savants, les plus religieux, parmi les magistrats ou les hommes d'État les plus distingués, parmi tout un peuple; motif enfin qui, pour être bien jugé, peut avoir besoin de l'expérience de plusieurs années, ou même de plusieurs siècles; et, pour puiser un exemple dans le projet de loi lui-même, il faudrait, si sa disposition pénale est légitime, que dans le cas où quelques autres de ses articles seraient jugés dangereux et de nature à troubler l'ordre public, la première victime qu'il devrait frapper fût le directeur de l'imprimerie, par le concours duquel le projet a été publié, à moins d'un amendement à la loi qui l'excepterait personnellement de l'application. En conscience, cet amendement ne devrait pas être repoussé par les instigateurs du projet.

Et remarquez que l'imprimeur n'a pas seulement à craindre des amendes qui peuvent monter à 20,000 fr. ; plus, les dommages-intérêts et frais, mais encore la suppression de son brevet, c'est-à-dire la perte de son état, la ruine de sa famille et de ses créanciers, et le déshonneur. Ceci n'est pas dans le projet de loi, mais dans des lois antérieures sur la presse, que l'on s'est bien gardé d'abroger ou de modifier en quoi que ce soit.

Examinons maintenant l'effet que devra pro-

duire sur un imprimeur la vue d'un pétitionnaire.

Ce sera pour lui la tête de Méduse.

Comment pourrait-il en être autrement? L'un
des plus fréquents usages de la pétition n'est-il
pas la plainte, l'accusation? Si un citoyen veut
se plaindre d'un maire, d'un préfet, d'un mi-
nistre, ou *de tout agent de l'autorité publique*,
pour me servir des expressions fort étendues de
l'article 13 de la loi du 17 mai 1819, auquel se
réfère le dernier paragraphe de l'article 19 du
projet de loi; s'il leur reproche un déni de justice, un attentat à sa liberté, à ses propriétés,
ou à ses droits civiques; si dans l'intérêt public,
dont son intérêt privé fait toujours partie, il
croit devoir dénoncer leur administration, ou
la tolérance qu'ils apportent sciemment à souffrir de graves infractions aux lois; s'il se plaint
avec l'accent de la douleur d'un projet de loi
qui menace ou sa fortune, ou son repos, ou qui
doit couvrir de troubles et de ténèbres une pa-
trie glorieuse pour laquelle il a offert sa vie et sa
fortune, et les offrirait encore; dans ces divers
cas, quelle voie devrait-il employer? Celle
de la pétition aux Chambres assemblées. Eh
bien! l'imprimeur auquel de semblables pétitions seront présentées ne manquera pas, dans
la crainte dont il sera dominé jour et nuit, de

dire au pétitionnaire : « Le sujet seul de cet
« écrit, lors même qu'il ne contiendrait aucune
« expression blâmable, peut donner lieu à une
« interprétation d'*allégation* ou d'*imputation d'un*
« *fait qui porte atteinte à l'honneur ou à la*
« *considération de quelque agent de l'autorité*
« *publique*. Ces allégations ou imputations peu-
« vent, d'après l'art. 19, entraîner une amende
« de 20,000 fr. et ma ruine (art. 22). Je ne
« puis m'exposer à un pareil péril ; je ne veux
« pas imprimer votre pétition. »

Il n'y a rien à répliquer à cela. On ne peut
s'empêcher de convenir que, si le projet de loi
est adopté, les imprimeurs devront être constamment sur le *qui vive*. On a dit que le gouvernement
représentatif n'était pas fait pour procurer le repos et le sommeil aux ministres ; il faut convenir
aussi qu'ils le rendent bien aux imprimeurs.

Concluons donc qu'on ne pourrait plus faire
imprimer de pétitions. Or, j'ai démontré, sous
ma première proposition, que c'était dans la
plupart des cas l'anéantissement du droit lui-
même.

TROISIÈME ET DERNIÈRE PROPOSITION.

L'objet de ma troisième proposition était de
prouver que le dépôt, le timbre et la responsa-

bilité de l'imprimeur, formant des empêchements graves au libre exercice du droit de pétition, soit qu'on les considère isolément, soit qu'on les apprécie dans leur ensemble, il en résultait une dérogation formelle à l'esprit et au texte de la Charte constitutionnelle.

Je crois cette preuve très-avancée par ce que j'ai dit, notamment sous les 1er et 3e paragraphes de la deuxième proposition.

J'ajouterai cependant encore quelques mots.

Je m'appuie d'abord sur l'esprit de la Charte : je ne crois pas qu'on doive l'entendre autrement que dans un sens de libertés et de franchises reconnues ou données par son auguste auteur ; le préambule de ce pacte fondamental, qu'on ne relit pas assez, ou qu'on oublie trop facilement, ne doit laisser aucun doute à cet égard dans l'esprit de tout homme éclairé et de bonne foi.

D'après ce principe il me paraît qu'il y aurait une contradiction choquante à supposer que la Charte a voulu gêner l'exercice d'un droit aussi sacré que celui de pétition, droit qui tient à la nature de l'homme, et qui est préexistant à toutes les constitutions possibles ; droit qu'on pratique à Constantinople ou à St.-Pétersbourg comme à Londres, qui varie sans doute quant aux formes, selon le degré de civilisation, d'esclavage ou de liberté, des pays où il s'exerce, mais qui n'en existe pas moins partout, parce qu'il est aussi nécessaire à l'homme que l'air qu'il respire, et qu'il lui a été donné par celui qui crée et détruit les empires.

Non certes, on ne trouvera rien dans la Charte qui autorise les entraves proposées au libre exercice du droit de pétition; et comme avec ces entraves il arriverait fréquemment, et dans les cas les plus urgents, que les citoyens seraient privés de ce droit, dans toute l'étendue et avec tous les avantages qu'il comporte, je soutiens que de tels empêchements ou de telles restrictions sont tout-à-fait opposés à l'esprit de notre constitution.

Je ne m'appuie pas avec moins d'avantage sur son texte : l'art. 53, cité sous la première proposition, ne parle de la pétition que pour en régler le mode, non pour déclarer que le droit existe; c'eût été une superfluité, cet article défend d'*en apporter en personne à la barre*, c'est la seule condition qu'il impose et c'est un hommage de plus rendu à la liberté; car ce n'est que là où règne le despotisme ou l'anarchie que les peuples cherchent la justice dans le tumulte et la violence.

Je sais que l'art. 8 de la Charte contient des règles sur le droit de faire imprimer ses opinions, je m'en suis expliqué sous la seconde proposition ; mais lors même qu'on forcerait le sens de la répression prévue dans cet article jusqu'à soumettre les écrits à une censure plus ou moins directe, la pétition devrait en être affranchie, parce que c'est un écrit tout privilégié, tout d'exception, dont la distribution aux membres des Chambres ne peut être retardée sous aucun prétexte, et moins encore sous le régime d'une censure, parce qu'il n'est pas permis et qu'il serait contraire à toute règle de justice et de prudence de ne pas laisser une seule issue à la plainte : s'il arrivait qu'un pétitionnaire abusât de son droit, on peut le punir, mais avant tout on doit l'écouter. (*Voir note* 2e.)

DERNIÈRE OBSERVATION

QUI M'EST PERSONNELLE,

ou

CONCLUSION.

On m'a toujours vu dans les rangs des royalistes, et certaines personnes vont me blâmer peut-être de tant insister sur la Charte et son exécution ; celles qui m'ont connu de plus près se rappelleront que je ne tiens pas ce langage pour la première fois, que je me suis toujours exprimé ainsi, soit en public, soit par écrit, soit dans les entretiens privés. Il fut un temps où elles m'approuvaient ; elles le disaient du moins : mais depuis je crains qu'elles ne se soient éloignées du terrain où je suis resté. Elles me reprocheront peut-être aussi d'être l'écho machinal de toutes les niaiseries libérales dont on amuse ou fatigue la société depuis trop longtemps ; elles se trompent, et ne me rendent pas justice ; je ne me mets à la suite de personne, je ne suis pas plus l'écho des erreurs ou clameurs populaires, que des erreurs ou capitulations ministérielles. Je ne suis pas davantage l'écho

des ambitieux , ni des mecontents ; je n'appar-
tiens à aucune coterie, à aucune de ces opposi-
tions systématiques, qui sont, dit-on, une des
nécessités de notre gouvernement représentatif,
mais que je désapprouverai toujours lorsqu'elles
exagéreront ou dissimuleront la vérité ; mon écho,
c'est ma conscience ; et afin que ce soit chose
sue une fois pour toutes, je crois devoir écrire
ici comment j'entends la Charte et la liberté.

Je placerai ma devise sous l'égide d'un illustre
orateur de la chaire (1); il a dit :

« La politique, sans doute.... mais la vérité....
« ..... la vérité dans tout, la vérité avant tout,
« la vérité par-dessus tout. »

J'adopte cette maxime ; j'y ajouterai, pour
achever ma pensée :

« La politique.... mais nos libertés ;
« Les libertés garanties par la restauration ;
« Rien au-delà....
« Rien en-deçà....

Si quelques esprits toujours soupçonneux,
toujours accusateurs, demandaient pourquoi un
nom sacré n'est pas dans ma devise, j'ai droit de
répondre qu'il est gravé dans mon cœur, et que
je n'aime point à le profaner, en le citant à tout

---

(1) M. de Boulogne, ancien évêque de Troyes. *Discours
sur la vérité.*

propos. Volontaire royal aux cent jours, ma vie est au Roi comme à mon pays; ma pensée les confond et ne saurait les séparer : Louis-le-Désiré nous a donné une liberté sage; il l'a confiée à notre garde aux jours où nous étions menacés de la perdre, sachons en tout temps la défendre par les moyens légaux que lui-même a inscrits dans la Charte, notre évangile politique, que Charles X, ce Roi chevalier, a juré au pied des autels; souvenons-nous que ce pacte constitutionnel nous a sauvés d'un grand naufrage, qu'il fut le gage de la paix, le signe de ralliement de tous les Français, et gardons-nous de ressembler à ces navigateurs impies qui oublient, au retour du calme, les promesses qu'ils faisaient pendant la tempête.

Lorsqu'on attaquait les Bourbons, je répondais : *Vive le Roi!* aujourd'hui d'autres attaquent ou mettent en question nos droits de citoyens, je réponds : *Vivent les libertés publiques !...*

Je me tourne du côté où apparaît le péril.

Avec trente millions de factieux ou de modérés comme certaines gens peut-être vont m'appeler, on aurait une monarchie respectée, une société calme et forte, une religion honorée, des peuples soumis et dévoués, une nation glorieuse et prépondérante.

En France, ce n'est pas seulement du respect

et de l'obéissance, c'est de l'amour qu'on a pour ses rois; mais ce serait une profonde erreur de penser que cet amour est aveugle , qu'il ne repose sur rien, que comme un pur caprice, il peut s'évanouir aussi facilement qu'il est né. Il prend sa source au contraire dans les plus nobles besoins de l'homme; *besoins réels* , comme l'a proclamé l'immortel auteur de la Charte, qui, *appréciant, à l'exemple des rois ses prédécesseurs, les effets des progrès toujours croissants des lumières, les apports nouveaux que ces progrès ont introduits dans la société, la direction imprimée aux esprits depuis un demi-siècle* , a reconnu que le moment était venu de donner à ses peuples *une constitution libre et monarchique* (1).

Tels sont les principes posés par le Roi, je les adoptai dès le premier jour, ils resteront les miens; je ne puis m'égarer en suivant l'étendard de la Restauration, c'est pour moi ce qu'était pour nos aïeux le panache du grand et bon Henri; sur un pareil terrain on peut succomber, mais non faillir. Suivant moi, la vraie fidélité consiste à ne pas se démentir, à croire de bonne foi aux

---

(1) Les mots en italique sont dans le préambule de la Charte constitutionelle du 4 juin 1814 : déja dans la déclaration de St.-Ouen du 2 mai précédent, S. M. avait dit : *Résolus d'adopter une constitution liberale, nous voulons,* etc.

serments de ses souverains, et à toujours suivre, sans dévier, la ligne politique tracée par la Charte qu'ils ont donnée et qu'ils ont juré de maintenir.

Si d'autres idées pouvaient momentanément prévaloir, s'il s'ensuivait d'affreux bouleversemens, l'histoire dirait si les vrais soutiens du trône n'étaient pas ceux qui voulaient défendre aussi sa constitution.

POST-SCRIPTUM.

Cet écrit s'imprimait lorsque le rapport de la Commission du projet de loi se faisait à la Chambre des députés, par l'organe de l'honorable M. Bonnet (de la Seine); l'opinion publique, les discussions particulières des bureaux de la Chambre et les lumières des membres de la Commission ont signalé un très-grand nombre d'imperfections du projet, et principalement les inconvénients du dépôt préalable, du timbre et de la responsabilité des imprimeurs. La Commission a proposé des amendements d'une telle importance, que, s'ils étaient adoptés, on aurait une loi bien différente du projet originaire. Mais le seront-ils? on en doute, parce que la Commission n'a pas été unanime, et parce

qu'on sait que le projet originaire aura des défen-
seurs à la tribune. Il ne paraît pas d'ailleurs que
l'on se soit occupé de la classe spéciale des pétitionnaires, à laquelle j'ai borné mon travail, et
qui auraient encore beaucoup à souffrir de la
loi, lors même que les amendements de la Commission seraient admis. Je n'ai donc pas dû re-
noncer à publier ce travail.

Je viens de dire que les amendements de la
Commission étaient loin d'assurer dans tous les
cas le libre exercice du droit de pétition. En effet,
la Commission a proposé la suppression du timbre, mais elle est d'avis de maintenir le dépôt
préalable et la responsabilité de l'imprimeur,
sauf les modifications suivantes; savoir : 1° Le
dépôt serait réduit à cinq jours, et on en dispen-
serait « les écrits sur les projets de loi présentés
« aux Chambres, lorsque ces écrits seraient pu-
« bliés dans l'intervalle qui s'écoulerait entre la
« présentation de ces projets et la délibération
« définitive des Chambres. » Il en résulte que
toute pétition sur un projet de loi serait affranchie du dépôt de cinq jours; il en serait de même
pour les pétitions qui ne traiteraient que d'intérêts privés, la Commission ayant proposé de ne
point exiger le dépôt « des écrits qui ne sont
« relatifs qu'à des intérêts privés, et qui ne sont

« pas destinés à être mis en vente. » Mais si on n'ajoute pas à la suite de ce paragraphe les mots « et aux pétitions présentées aux deux Chambres, » il est évident que le dépôt préalable pourrait être exigé à l'égard de certaines pétitions qui ne seraient relatives ni à un projet de loi présenté aux Chambres, ni uniquement aux intérêts privés du pétitionnaire. Je conviens que ces deux catégories comprennent le plus grand nombre des sujets qu'un pétitionnaire est appelé à traiter; mais ils ne les comprennent pas tous; et pourquoi des exceptions en cette matière? J'ai énuméré dans le dernier paragraphe de ma seconde proposition plusieurs autres sujets de pétitions, et cependant je ne les ai pas indiqués tous. Toutefois, si on prend la peine de lire ce passage de mon travail, on y verra la preuve que les deux catégories exceptées par la Commission ne sont pas les seules à prévoir. Un moment de réflexion, et la connaissance des diverses natures de pétitions dont il est fait des rapports chaque année, ne doivent laisser aucun doute dans l'esprit des honorables députés et des nobles pairs sur l'exactitude de mes observations.

2° Quant à la responsabilité des imprimeurs, la Commission, en la maintenant, a été d'avis de la modifier, en ajoutant « que, suivant les cir-

« constances , le tribunal pourrait les décharger
« de cette responsabilité. »

Il est évident que l'intention du législateur est
que cette responsabilité soit plus étendue que
celle qui est prononcée par les lois actuelles, autrement on se serait borné à s'en référer à ces der-
nières. La responsabilité nouvelle resterait donc
toujours hors du droit commun, nonobstant les
modifications de la Commission. Elle aurait donc
toujours, comme dans le projet de loi, un caractère éminemment préventif? Ce n'est que par
exception que l'imprimeur serait déchargé de la
responsabilité , jusqu'à présent au contraire
c'était par exception qu'il était exposé à une
condamnation; à l'avenir, dans le système de
la Commission comme dans celui du projet
de loi, l'imprimeur ne pourrait jamais éviter
d'intervenir au procès qui serait fait à l'auteur
de la pétition, et cet inconvénient serait assez
grave pour engager l'imprimeur à refuser d'imprimer la plupart des pétitions dont j'ai parlé à
la fin de ma seconde proposition. On conçoit
qu'il consente à engager sa responsabilité pour
un ouvrage étendu qui lui offrirait des bénéfices
importants, mais l'impression d'une pétition ne
peut lui offrir que de très-faibles bénéfices ;
on ne s'expose pas pour si peu aux ennuis et

aux dangers d'un procès dont l'issue est plus à craindre à l'égard d'une pétition que pour toute autre espèce d'écrit, la nature de la pétition ayant, comme je l'ai dit, et devant avoir très-souvent le caractère de la plainte.

Ainsi l'adoption de cet amendement de la Commission ne lèverait pas l'empêchement qui fait l'objet du troisième paragraphe de ma seconde proposition ; je crois avoir démontré, sous ce paragraphe, que cet empêchement lui seul portait la plus notable atteinte au droit de pétition, et c'est surtout cette considération qui m'a fait persister à publier mes observations.

Les pétitions trouvent de redoutables adversaires dans des députés qui sont en même temps au nombre des premiers fonctionnaires de l'État, et il serait digne de la Chambre des communes (si la *loi proposée, réduite aux dispositions utiles, doit être adoptée*), de donner un signe manifeste de sa protection envers les pétitionnaires, c'est-à-dire envers tous les Français sans distinction, en faisant mention de leur droit dans cette loi, en reconnaissant toutes les franchises qui y sont attachées. Nous ne sommes que trop souvent témoins des efforts que l'on fait pour tourmenter le texte ou l'esprit de notre constitution dans un sens restrictif ; que l'on nous console et que

l'on nous rassure en appliquant un autre genre
de sollicitude à l'étude de cette grande transac-
tion politique offerte et reçue comme un bienfait, on y trouvera sans peine des garanties de
force et d'union.

NOTES.

Note 1 (page 7).

Pendant la session de 1825, je déposai à la Chambre des députés une pétition développée (19 pages d'impression), où je sollicitais un amendement qui avait pour objet de faire respecter des droits acquis antérieurement à la Charte constitutionnelle, et d'empêcher que des milliers de familles soient inquiétées ; l'ordre public me paraissait éminemment intéressé dans cette question toute constitutionnelle, et c'est en effet au nom de la paix publique que l'amendement a été admis par les Chambres, par le Ministère, et définitivement par le Roi.

Voici la marche que je suivis :

Je fis imprimer.

Je remis un exemplaire à la Commission de cette loi ; la Commission, qui était entièrement opposée à ma demande, n'en dit rien dans son rapport.

Je m'adressai aux ministres, ils gardèrent le silence.

Je déposai ma pétition à la Chambre : le président m'en accusa réception, et m'annonça qu'elle serait comprise dans l'un des bulletins de la Commission des pétitions. Cette Commission présenta, plusieurs semaines après mon dépôt, divers rapports sur un grand nombre de pétitions relatives à ce même projet de loi sur lequel j'avais écrit, et cependant aucune mention spéciale ne fut faite de ma demande; toutes ces pétitions furent renvoyées *en masse* à la commission du projet de loi.

Mais au moyen de la distribution que j'avais faite à tous les membres de la Chambre et par suite des conférences dont quelques honorables députés voulurent bien m'honorer avec une bienveillance qui ne s'effacera point de mon souvenir, ma proposition finit par arriver à la tribune par la voie de l'amendement.

Cet amendement, vivement débattu, fut rejeté par une grande majorité, quoique soutenu au nom de l'ordre et du repos public, par S. Exc. M. le président du Conseil.

Il fut reproduit à la Chambre des pairs par la Commission du projet de loi; la Chambre haute l'adopta, ainsi que le gouvernement; il revint à la Chambre des députés, qui, cette fois, l'adopta. Si elle avait persisté dans son premier refus, la loi entière eût été rejetée, et les conséquences pécuniaires et politiques qui en seraient résultées pouvaient être immenses.

Voilà l'histoire d'une seule pétition; elle était utile apparemment, le succès l'a prouvé : or je demande ce qui serait arrivé, si cette pétition n'eût pas été imprimée et distribuée?... Il serait arrivé comme de tant d'autres; on n'y aurait pas fait la moindre attention.

J'ai encore personnellement connaissance de beaucoup d'autres exemples de la nécessité où on a été de

distribuer des pétitions qui traitaient des questions importantes, dont les développements étendus ne pouvaient être étudiés que dans le cabinet et long-temps
avant le jour de la discussion à la tribune; je me bor-
nerai à un seul, qui se répète à chaque session depuis cinq ou six ans : je veux parler des plaintes qu'a-
dressent, avec l'accent du désespoir, un grand nombre
de propriétaires de terrains aboutissant sur les bou-
levards extérieurs de Paris. On empêche ces mal
heureux citoyens de construire sur leurs terrains, en
se fondant sur un réglement de voierie, qui, s'il est
exécutoire, doit au moins ordonner le paiement d'une
juste et préalable indemnité. On refuse cette indemnité; on fait plus, on empêche les réparations des propriétés bâties, et même on ordonne la démolition de
plusieurs maisons : voilà une population fort nom-
breuse dépouillée de sa propriété; elle ne peut ni la
vendre, ni l'hypothéquer, ni en disposer en quoi que
ce soit. On conçoit que dans de pareilles extrémités,
les plaintes deviennent chaque année plus amères, et
on conçoit qu'en présence d'une loi telle qu'est le projet dont il s'agit en ce moment, il n'est pas un imprimeur qui osât s'exposer à imprimer ces plaintes. Il
faut pourtant bien qu'elles soient connues. Les propriétaires dont je parle sont uniquement soutenus par
l'espoir que le jour de la justice arrivera enfin par la
persévérance qu'ils mettront à rappeler tous les ans, à
chacun de MM. les députés, les mesures dont ils sont
victimes; faut-il les priver d'une pareille consola-
tion ?.....

Note 2 (page 22).

Au moment où j'écris ces lignes, je suis saisi d'un sentiment bien pénible qui n'est pas sans rapport avec le sujet de ce travail. On vient de frapper trois honorables académiciens bien connus par leur royalisme, et on ne les a pas écoutés ; l'un d'eux (1) est mon ami : il disait en ma présence, il y a quinze ans, au censeur impérial du journal le plus répandu : « Il ne peut « y avoir de bonne littérature qu'avec la liberté d'é- « crire ». Ce qu'il demandait alors de tous ses vœux, la restauration nous le donna, et je l'ai constamment entendu en témoigner sa reconnaissance : un projet de loi est venu porter atteinte à un si précieux bienfait, il en exprime ses plaintes devant ses pairs ; l'Académie française, qui ne peut rester indifférente à ce qui intéresse la gloire des lettres et l'indépendance de la pensée, trouve ces plaintes légitimes, et avant qu'elles soient sorties de l'enceinte où elles furent proférées, une révocation subite des fonctions qu'il exerçait depuis plus de vingt ans, vient atteindre le courageux orateur, sans égard pour ses louables intentions, pour son noble caractère, sans égard pour de longs et remarquables services, pour une fidélité qu'on sait bien ne pouvoir être ébranlée !

J'avoue que, dans un premier mouvement, je me dis : « Faudra-t-il donc désormais se taire ou se cacher ? le régime de la peur sera-t-il celui d'un Bour-

---

(1) M. Charles de Lacretelle.

bon ?... » Mais je repoussai bientôt cette pensée, et je m'affermis dans l'intention où j'étais de parler et de ne pas me cacher.

Il paraît que c'est surtout un reproche de forme et de compétence qu'on a voulu faire à l'Académie; je citerai à ce sujet un fait oublié ou peu connu, qui peut avoir quelque analogie avec cette question.

En 1803, le chef du gouvernement d'alors ayant présenté à l'examen du Conseil-d'État un projet de loi d'une grande importance (celle sur les successions, qui fait partie du Code civil), plusieurs dispositions ou omissions blessaient les intérêts du notariat, ou même l'intérêt public. Loin de témoigner aucun mécontentement des observations qui lui furent adressées à cet égard par la chambre des notaires de Paris, *qui dut préalablement en délibérer*, il admit, si ma mémoire ne me trompe pas, au sein même du Conseil, une députation de ces notaires qui soutinrent, en présence du chef de l'État, les intérêts que leur compagnie les avait chargés de défendre, et qui obtinrent, après une assez longue discussion, les avantages ou les garanties qu'ils étaient venus réclamer. Les registres des délibérations du Conseil-d'État doivent en faire foi.

Cette action est belle; elle n'a pas besoin de commentaire.